KB122366

산업 실무를 위한 대학 테크니컬 라이팅

English Technical Writing

조길자·곽은주·탁진영·이경랑 공저

21세기사

이 도서의 국립중앙도서관 출판예정도서목록(CIP)은 서지정보유통지원시스템 홈페이지(http://seoji.nl.go.kr)와 국가자료공동목록시스템 (http://www.nl.go.kr/kolisnet)에서 이용하실 수 있습니다.(CIP제어번호: CIP2016020727)

직장은 연습의 현장이 아니다!

졸업 후 일하게 되는 직장은 극심한 경쟁에 노출되어 있는 장(場)이므로, 당연히 신입직원들에게 직무교육을 제공하는 비용과 기간을 최소화하길 원하고, 그로 인해 가장 경쟁력 있는 인재들을 요구한다.

전 세계 거의 모든 권역과 자유무역협정 또는 그와 유사한 계약이 체결되어 있어, 이제 유형/무형의 제품이나 서비스를 판매하는 기업들로서는 직원들의 외국어 능력을 포함한 글로벌 경쟁력이 점점 더 중요하게 되었다.

'글로벌'이란 단어를 모든 매체와 사람들이 쉽게 발음하지만, 실제로 개개인이 글로벌 시장에서 얼마나 경쟁력이 있는지 평가해볼 일이다. 국제적인 예절 매너와 품위, 세련된 언어 사용은 예비 직장인이 갖춰야 할 필수 요건이다.

특히, 영어 문서의 작성은 국내의 사무실에 앉아서 일하는 직원들도 각자가 다 해야 하는 업무이고, 글로벌 시대의 가장 기본적인 능력이라 할 수 있다. 그러나 이 능력도 특별한 교육을 받지 않고 업무에 투입될 경우, 본인과 조직의 경쟁력을 떨어뜨리는 결과를 초래하게 된다.

이 책은 수많은 국내외 기업의 통번역을 담당한 경험을 바탕으로 각종 산업체와 연구소 등의 조직에서 기본적으로 수행해야 하는 영어 문서들의 종류와 더불어, 각각의 형식과 격에 맞는 표현 등을 흔한 오류의 예와 함께 기술하였다.

특히 인문학과 이공계 학문의 벽이 허물어지고, 모든 사물에 정보통신의 기술이 접목되어 각각의 물건 자체가 지능과 커뮤니케이션 능력을 가지게 된 제 4차 산업혁명의 시대에서, 세계 공용어의 자리는 점점 더 탄탄하게 자리매김할 것으로 보인다.

커뮤니케이션 능력이 부족한 직원은 기업의 경쟁력을 떨어뜨리고, 기업들은 당연히 그런 직원의 채용을 원치 않는다. 더 나아가 여러분이 가지고 있는 기존의 경쟁력을 발휘하는 데 가장 필요한 문서작성 능력을 갖춤으로써 포화된 국내시장에서 벗어나 세계시장의 주역으로 뛸 수 있는 데 이 책이 큰 도움이 되리라 기대한다.

저자 일동

CONTENTS

CHAPTER **1**

Basic Structure of English Sentence

영어 문장의 기본 구성

1.1.1 기본 문장 구조 – 5 Types

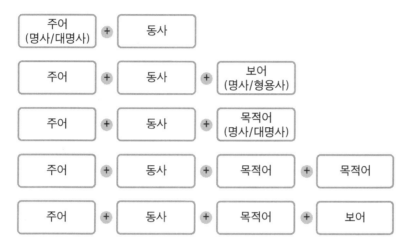

1.1.2 문장 구성 단어

핵심 구성요소 4종	명사, 대명사, 동사, 형용사
부가 구성요소 4종	부사, 전치사, 접속사, 감탄사

품사	문장에서의 역할
핵심 요소	
명사	주어/목적어/보어 역할
대명사	주어/목적어/보어 역할
동사	명사대명사의 동작/상태 설명
형용사	명사의 상태를 설명하는 역할
부가 요소	
부사	동사, 형용사, 다른 부사, 문장 전체를 돕는 역할
전치사	명사류 앞에 놓여, 구(phrase)를 만들어 형용사/부사의 역할
접속사	(1) 단어와 단어, 구와 구, 절과 절 사이를 연결 (2) 절 앞에 놓여 그 절을 이끄는 역할
감탄사	느낌을 독립적으로 표현하는 역할

➡ 전공

나는 대학 3학년 학생이다.

디지털콘텐츠와 컴퓨터 프로그래밍을 전공하고 있다.

사람들은 나의 전공이 유망하다고 말한다.

나는 빅 데이터 처리와 분석에 특히 흥미가 있다.

이 분야는 ICT 중 큰 비중을 차지한다.

➡ 창업 지원 센터

오늘 우리 학교의 창업 지원 센터에 지원서를 제출했다.

이 센터에는, 창업을 꿈꾸는 학생들이 많이 있다.

이곳은 회원들에게 다양한 창업교육을 제공한다.

회원들은 ICT 관련 사업, 무역, 프랜차이즈 사업 등을 배운다.

비즈니스 현장의 전문가들의 경험을 들을 수도 있다.

▶ My Major

▶ Start-up Support Center

▶ 취업 준비

많은 학생들이 기록을 만드는 데 열중한다.

취업하는 데 필수적이라고 생각하기 때문이다.

비슷한 능력을 보이려는 경향이 있다.

하지만, 자신만의 차별화된 전략이 필요하다.

또한 실용적인 능력이 점점 더 중시되고 있다.

▶ 언어 능력

다수의 한국인들은 언어 능력을 간과한다.

하지만 이것은 평생 동안 큰 역할을 한다.

또한 단기간에 만들어지지 않는다.

특히 외국어를 습득하는 데는 꾸준한 노력을 요한다.

취업 면접에서도 커뮤니케이션 능력은 중요한 평가요소이다.

Practice #02

Preparation for Job Application

Linguistic Ability

1.2.1 문서적 표현

평범한 문체의 학술 서적이나 논문과 달리, 업무에서 사용되는 문서들은 각각 일정한 형식과 표현을 지니고 있다.

기업이나 기타 공적인 조직들 간에 왕래하는 문서들은 간단한 것이라도, 분야별 용어, 서식, 호칭, 격식, 표현의 강도, 예절, 간결–명료성 등 섬세한 주의를 요하는 경우가 많다.

때로는 무심코 쓴 표현이 상대방에게 불쾌감을 주거나 격이 낮은 문서로 전락함으로써 추진하고자 하는 일에 치명적인 결과로 이어지는 경우도 있으므로, 구체적인 실무 연습을 통해 대비해야 한다.

학교 졸업 후 일하게 되는 직장은 연습의 현장이 아니다. 오류가 인정되거나 허용되지 않는다. 직장에서 누구나 하게 되는 문서작업을 학교 교육을 통해 익힌다면 취업 후 직무의 효율성이 한껏 높여질 것이다.

1.2.2 부적절한 표현 사례

실무 경험이 없는 신입 직원들이나, 잘 교육되지 않은 조직의 구성원들이 영어 문서를 작성할 때 흔히 범하는 오류 또는 어색한 표현의 예들을 아래에 나열하였다.

Ex 1

수신	Reference	(X)	CC	(O)
참조			(때로는 Attention)	
제목	Title .	(X)	Subject, Re	(O)

☞ 이메일에서는 이미 이 부분들이 고정되어 있어서 해당 칸에 내용만 채우면 되지만, 팩스로 전송되는 문서를 작성할 경우에는 문서에 직접 기입해야 하므로 정확한 표현을 사용해야 한다. 여기서, CC는 Carbon Copy, Re는 Regarding의 약자이다.

Ex 2

당사는~	My company	(X)	Our company	(O)
당사에 연락~	contact me	(X)	contact us	(O)

☞ 조직의 일원으로서 외부에 대해 표현할 때 '회사'의 개념은 그 소유주라 할지라도 구성원들 공동의 조직이므로, 작성자에게 국한되는 경우가 아니면 개인적인 표현은 삼가는 것이 관례이다.

Ex 3

안녕하십니까?	Hello,	(X)	Dear Mr.(Ms.)
	How are you?	(X)	_____,

☞ 흔히 이메일 통신에서 특별히 안부를 묻는 경우가 아니고 한국 문화에서의 형식적인 인사로서 '안녕하십니까?'로 시작되는 한글 원문을 영문으로 번역해야 하는 경우가 많다. 이 때 상업통신문에서는 대부분 Dear Mr. (Ms.) _____, 로 시작 문구를 대체한다.

Ex 4

관계자 제위	To related people	(X)	To whom it may concern:	(O)
관계제위				
관계자 귀하				

☞ 담당하는 특정인의 성명을 모르거나 불분명하거나 또는 수신자가 다수일 때, 또는 불특정한 표현이 더 합당하다고 생각할 때 수신자의 성명 대신 '관계자에게' 또는 '관계자들에게'라는 의미의 관용어로서 특히 공식적인 문서에 많이 사용된다.

Ex 5

귀사의 무궁한 발전을 기원합니다.	문서 시작 부분에	(X)	문서 끝 부분에	(O)

☞ 한국의 기업이나 기관들에서 공문을 발송할 때, 관행적으로 "(1) 귀사(귀 기관)의 무궁한 발전을 기원합니다."라는 문장을 앞부분에 넣을 때가 많다. 하지만 영어 문서에는 문서 말미에 넣는 인사말이므로, 실제로 넣을 필요가 있을 때는 "We wish your everlasting prosperity." 또는 "We wish you would be everlastingly prosperous." 등으로 끝부분에 넣어야 한다.

Ex 6

~해야 한다	should (무차별 사용)	(X)	• shall : 법률문서에서의 의무 • should : 권고에 가까운 의무 • have to : 일반적인 의무 • have got to : spoken English에서만 사용 • had better : spoken English 에서만 사용(경고 포함). • must : 강한 의무

☞ '~해야 한다'는 표현을 할 때, 한국어로 뜻이 다 같은 것으로 인지하여 아무 조동사나 사용해서는 안 된다. 각각 다른 정도의 의미를 나타내기 때문이다.

- shall : 일상생활에서는 청유하는 의미로 사용되지만, 법률조항에 사용될 때는 의무를 표현.
- should : 권고의 의미로 가볍게 사용.
- have to : 일반적인 의무를 표현.
- have got to : 일반적인 의무 – 말하기에서만 사용하고 문서에서는 사용되지 않는 표현.
- had better : 말하기에서만 사용되고, 문서에서는 사용되지 않는 표현으로서, 안 좋은 결과를 주의하라는 암시.
- must : 일반적인 상황에서는 잘 사용되지 않는 강한 표현.

그 외에 정황에 따라 'be required to~', 'be recommended to~', 'it is important to~' 등으로 표현할 수도 있다.

Ex 7

2016년 11월 12일	2016/11/12	(X)	11/12/2016 (미국식-O) 12/11/2016 (영국식-O)

☞ 영어 문서에서 날짜 표시를 할 때 한국식 표기를 사용하지 않으며, 미국식 표기와 유럽식 표기가 다르므로 주의해야 한다.
위의 날짜처럼 혼동할 여지가 있는 경우 Nov. 12, 2016으로 정확하게 표기하는 것이 좋다.

Ex 8

2016년 3월 12일자 이메일	e-mail on Mar. 12, 2016 (X)	e-mail dated Mar. 12, 2016 (O)

☞ 해외 조직과의 통신에서 날짜를 표현할 때 국가 간의 시차로 인해 날짜가 다를 경우가 있으므로, 'e-mail on Mar. 12, 2016'의 표현은 수신인의 기준인지 송신인의 기준인지 모호해지므로, 문서에서 '~일로 기재되어 있는'으로 표현하는 것이 정확하다.

MEMO

➡ 클럽 활동

우리는 또 하나의 산업혁명 시대에 살고 있다.

현존하고 있는 많은 직업들이 사라질 것이다.

나는 농업에 관심을 많이 가지고 있다.

주말에 도시농업 클럽의 여러 활동에 참여하고 있다.

요즘에는 IT와 다른 신기술들을 적용하여 농작물을 생산한다.

➡ 인턴십

이번 방학에는 인턴으로 일할 생각이다.

오늘 온라인 게임회사의 인턴십 프로그램에 지원했다.

그 회사는 2년 전에 설립된 법인이다.

합격하면, 현지화팀에서 일하게 될 것이다.

2개월의 단기 프로그램이지만, 좋은 경험이 될 것이다.

▶ Club Activities

_____

_____

_____

_____

_____

_____

_____

_____

_____

▶ Internship

_____

_____

_____

_____

_____

_____

_____

_____

_____

_____

_____

_____

▶ 취업 박람회

내일 기업들이 주최하는 직업박람회가 학교에서 개최된다.

30여개의 기업들이 참가할 것이다.

내가 관심을 가지고 있는 기업들도 있다.

어떤 기업은 현장에서 면접을 한다.

요즘에는 대부분의 기업들이 계약직 사원 채용을 선호한다.

▶ 다국적기업

나는 다국적기업에서 일하고 싶다.

그들은 잘 정비된 시스템을 갖추고 있다.

또한 다양한 복지 혜택을 제공한다.

대부분 여러 나라에 현지 법인을 두고 있다.

그렇기 때문에, 해외법인에서 일할 수 있는 기회도 주어진다.

▶ Job Fair

▶ Multi-national Companies

CHAPTER **2**

Types of Documents

조직의 문서 종류와 특성

한글 문서도 종류별로 특징이 있지만, 영어 문서에서는 형식, 용어, 표현 등에 있어서 확연히 다르므로, 조직에서 사용되는 문서의 종류에 따라 주의를 기울여 작성해야 한다. 아래의 예시들은 하나의 견본일 뿐이며 조직마다 형태와 내용이 다를 수 있다.

2.1 통신문(Correspondences)

기업이나 기타 조직, 또는 개인이 공적인 목적으로 영문으로 작성하는 서신은 전달되는 매체에 따라 형식이나 표현이 다르다. 매체는 기술의 발달과 함께 이전의 우편–텔렉스–팩스에서 요금이 부과되지 않는 전자우편, 즉 이메일이 대세로 자리 잡은 상황이다. 하지만, 아직도 일부 국가에서는 우편이나 팩스를 사용하고 있고, 선진국에서도 원본이 반드시 전달되어야 하거나, 특별한 경우 이 두 매체를 사용하고 있다.

2.1.1 이메일 (Electronic Mail)

이메일은 편리하고 격식이 많이 간략화된 통신 매체이고, 수신, 참조, 제목 등의 칸이 이미 설정되어 있어 빈 칸에 내용만 채우면 된다고 생각하지만, 개인적인 연락이 아닌 경우라면 세심하게 주의해야 할 일이 많다.

예를 들어, 수신인이 복수일 경우, 직책이 높거나 중요한 직책의 인물이 앞에 오도록 하고, 수신인 란에 넣어야 할 인물을 참조 란에 넣는 실수를 범해서는 안된다.

To	abcabc@abc.com
CC	def123@abc.com
Hidden CC	
Subject	Analysis Report

Dear Mr. Abc,

The attached is our analysis report on your data,
which was prepared by two researchers
at our R&D center.

If you need further information or have queries,
please let us know.

Looking forward to having your reply.

Thanks and best regards,

Hong, Gildong
Ganada Co., Ltd./R&D Center
82-2-999-8888

2.1.2 팩스(Facsimile: Fax)

팩시밀리 또는 팩스라고 일컫는 이 통신 매체는 이메일이 통용되기 전 가장 보편적인 통신 수단이었다. 아직도 이메일의 오류 전송 등을 우려하거나, 종이 인쇄(hard copy)로 직접 수신해야 하는 경우에는 팩스를 이용하기 때문에, 대부분의 조직에서 이메일과 함께 병행해서 사용하고 있다.

팩스는 대부분 기업이나 기타 조직의 명칭과 로고나 주소, 전화/팩스 번호 등이 인쇄된 편지지(letter head)를 이용해서 보내거나, 어떤 조직에서는 팩스용 양식을 별도로 인쇄하거나 컴퓨터에 저장해두고 매번 그것을 이용하기도 한다.

Amberlang Co., Ltd.

www.amberlang.com

[Address]

Tel xx-xxx-xxxx   Fax xx-xxx-xxxx   E-mail: xxxx@naver.com

To	ABC Corporation
Attention	Ms. Katherine Smith
CC	Mr. David Fu
From	W. J. Choi
Date	Mar. 16, 2016
Subject	Offer Sheet

Dear Ms. Katherine Smith,

We are sending our offer sheet including a price
list attached hereto.

After reviewing those materials, please let us know
if you have interest in having transactions with us.

Looking forward to hearing from you.

Best regards,

W. J. Choi

Total Pages: 3 including this cover

2.1.3 우편 서신(Letter)

종이에 인쇄 또는 수기로 내용을 우체국이나 특송(courier) 업체를 통해서 전달하는 전통적인 형식으로서, 내용 구도에 있어 다른 매체와 확연히 다르다. 팩스의 경우처럼 대체로 각 조직의 인쇄된 편지지(letter head)를 사용하며, 오랜 세월동안 공식적인 레이아웃으로 사용되어온 몇 가지 형식은 다음과 같다.

Amberlang Co., Ltd.

www.amberlang.com

[Address]

Tel xx-xxx-xxxx   Fax xx-xxx-xxxx   E-mail: xxxx@naver.com

Mar. 24, 2016

Mr. Charles Baker

New York Media Contents Service

XX, Washington Square, S. New York

NY 10012, U. S. A.

Dear Mr. Baker,

    We, as a language service provider, have been engaged in translation and localization business for 27 years since founded in 1989. A few weeks ago, your esteemed company was introduced to us through the Korea Trade-Investment Promotion Agency (KOTRA).

    Now we have much interest in developing and publishing media contents with you. We have a great number of files containing contents of Korean culture, which will be rare resources.

    We wish you would have interest in our proposal.

Sincerely yours,

Ganada Co., Ltd.

Hong, Gildong/President

[Letter Head]

Mar. 24, 2016

Mr. Charles Baker
New York Media Contents Service
XX, Washington Square, S. New York
NY 10012, U. S. A.

Dear Mr. Baker,

We, as a language service provider, have been engaged in translation and localization business for 27 years since founded in 1989. A few weeks ago, your esteemed company was introduced to us through the Korea Trade-Investment Promotion Agency (KOTRA).

Now we have much interest in developing and publishing media contents with you. We have a great number of files containing contents of Korean culture, which will be rare resources.

We would appreciate if you have interest in our proposal.

Sincerely yours,

Ganada Co., Ltd.

Hong, Gildong/President

2.2 공문/회람(Official Notice/Circular)

공문이나 회람은 동일한 내용이 여러 수신인들에게 전달되는 경우가 많다. Letter Head에 수신처가 없이 내용만 있거나, To whom it may concern(관계자 귀하, 관계제위)과 같이 수신인들을 전체적으로 표현하는 경우가 많다.

[Letter Head]

Mar. 30, 2016

To whom it may concern:

This is to kindly inform you that we are going to be listed on the U. S. stock market through the initial public offering(IPO) from May 2nd to 3rd, 2016.

Since established in 1988, we have made steady growth to be a top leader in the industry. We consider it's time to go public, and have competent strategies to occupy a big market share.

Knowing our prosperity has been made by all of our customers and employees, we expect your constant support as before.

Sincerely yours,

Ganada Co., Ltd.

Hong, Gildong/President

[Letter Head]

Mar. 30, 2016

Re: Change of Attendance Check Card Reader System

Dear employees:

This is to inform our attendance check card reader will be changed to a new system.

The existing reader has given you inconvenience that you should take it, but the new system will not give any trouble to you since it works with your fingerprint.

We would appreciate if you cooperate for this fingerprinting system for the coming two weeks.

Gildong Hong

H. R. Director

2.3 견적서/청구서/영수증(Proforma Invoice/Bill/Receipt)

기업 등 기타 조직에서 수시로 사용되는 문서 중 거래에 필요한 주요 문서 중에는, 거래를 시작하기 전에 거래 금액, 가격 조건 등을 통지하는 Proforma Invoice, Quotation/Estimation 등의 견적서가 있다. 또한 거래 완료 후 지불을 청구하는 Invoice, Bill 등도 있으며, 때로는 대금 수령 후 Receipt(영수증)을 작성해서 교부해야 하는 경우도 있다.

[Letter Head]

PROFORMA INVOICE

To	ABC Inc.
Attention	Mr. Ryan Lee
From	Miriam Cho
Date	June 11, 2016

Item	Description	Q'ty	U/P	Amount
HT–500	Handrail	2 PCs.	US$3,200.–	US$6,400.–
EH–202	Sprocket	2 PCs.	1,610.–	3,220.–
Total Amount				9,620.–

Remarks:
1) Sprocket is an old model for your elevator.
2) Price condition: FOB

[Company Stamp/Signature]

[Letter Head]

BILL FOR
SERVICE RENDERED

To	ABC Co., Ltd.
Attention	Mr. Charles Martin/Project Manager
CC	Ms. Sara Lee/Accounting Manager
From	W. J. Lee/Senior Researcher
Date	Apr. 03, 2016

This is the bill for our research service rendered regarding our reference No. HDRP-1602. Your prompt settlement would be highly appreciated.

No.	Description	Amount
01	Solution software development	US$ 52,000.-
02	Software settlement service	8,350.-
03		
Total Amount		

Remarks:
1.
2.
3.

[Company Stamp/Signature]

Receipt

April 20, 2016

To: _____

Amount: U. S. one hundred sixty eight dollars

(US$168.–)

I hereby certify that I received the above amount from ABC Co., Ltd. for the sample charge of Model FO–333.

Received by _____

(Company Name)

I. D. No.:

Address :

2.4 매뉴얼 및 지침서/시방서(Manual/Guideline)

매뉴얼, 즉 설명서는 일반적으로 제품의 사용설명서 정도로만 알고 있는 사람들이 많지만, 조직의 인사팀(human resources team) 교육 매뉴얼, 조직/설비의 운영 매뉴얼, 선박/항공 운항 매뉴얼 등과 같이 종류가 다양하다. 하지만 최근에는 급속한 기술의 발달로 인해 시스템 운용 매뉴얼 등 기술 관련 매뉴얼이 점차 큰 비중을 차지하고 있다.

지침서는 대부분 국제기구나 기타 기준을 정하는 조직에서 특정 프로젝트나 활동에 관련하여, 준수하도록 권장되는 사항들을 제시하는 것으로서, 법규보다는 약하지만 의무에 가까운 형태로 표현되어 있다.

시방서는 특히 건설 분야에서 가장 많이 이용되는 문서로서, 재료, 설계, 시공 등에 관한 상세사항이 기술되어 있는데, 이 문서를 기준으로 공사가 이루어지기 때문에 준수해야 하는 내용이어서, 지침서 형식으로 되어 있거나, 명령문 형태로 표현되어 있다.

User's Manual

About this manual

This is the manual for convenient and safe operation of our model AAA. The users are recommended to get familiar with this manual before using the unit.

Installation

◆ Unpack the unit and check if any of the items on the list provided with the unit is missing.
◆ Place the unit on a flat surface to avoid vibration.

Operation Procedures

◆ Apply power to the unit by plugging it in.
◆ The unit is set with factory default values.
  Set the gauges for your environment.
◆ When the LED flickers on the Control Panel, press START button.

Troubleshooting

◆ When the ERROR button is lit, remove power supply from the unit.

◆ Refer to the 'Troubleshooting Guide' to correct your problem; otherwise, contact the service center in your region.

Guidelines for Data Analysis

1. Purpose

The purpose of these guidelines is to set up standard procedures of analyzing data of businesses by the use of an analysis platform engine, and to help ADPs to report the results of their analysis.

2. Definitions

1) "ADP" means 'advanced data analytics professionals'.

2) "Data Architecture" means a drawing of information technology, which shows the interrelations between total organizational work and data of an organization.

3. Construction of Questionnaires

1) Find the requirements for information to obtain, and develop questions and prioritize them according to their importance.

2) Assess each question, and make clear statement given to respondents.

4. Statistical Analysis Procedures

5. Conclusion

Specifications

1. General

1.1 Scope of Application

This specifications shall be applied to all the work for windows and doors regardless of their materials including wood, steel, aluminum, aluminum alloy, stainless steel, synthetic resin, etc.

1.2 Types and Symbols

The work for doors and windows shall be classified by materials, functions and open/close methods, as shown in Table 1. Also, the materials used for the work shall be marked as shown in Table 2.

1.3 Styles and Dimensions

The styles and dimensions shall be complied with the design drawing and the specifications of the project; and each of its sizes shall be marked as that of finished state.

2.5 프레젠테이션 자료(Presentation Material)

발표 자료는 일반적으로 PowerPoint 프로그램을 이용해서 만들기 때문에 PPT 자료라고 불리기도 하는데, OHP(overhead projector)를 이용해서 자료를 투영하고, 영상 사용이 불가능한 장소에서는 종이 매체를 이용해서 배포 자료(hard copy)를 작성하기도 한다. 발표 자료를 작성할 때, 시청각 효과 등의 창의적인 아이디어가 청중(audience)의 이해도를 높이는 데 큰 도움이 되지만 적절한 단어 사용(wording)이 무엇보다 중요하다.

Freshmen Orientation

ABC Co., Ltd.

Code of Conduct

1. Etiquette
   ↳ Courtesy
2. Attendance
   ↳ Sincerity
3. Ethics
   ↳ Integrity
4. Dress Code
   ↳ Elegance

2.6 계획서/제안서(Plan/Proposal)

프로젝트나 사업의 계획서와 제안서는 프레젠테이션 자료와 비슷하고, 이 계획서와 제안서의 간략형태로 프레젠테이션의 자료로 사용되기도 한다. 표와 그림을 포함시키면서 한 눈에 알아볼 수 있도록 요약된 표현으로 작성하는 것이 좋다. 따라서 일반 문서와는 다른 문체나 글귀(phrase)를 사용해야 하는 경우가 많다.

Plan of Korea Culture Academy

1. Project Summary

1) Project Name	: Korea Culture Academy
2) Location	: Vientiane, Laos
3) Area	: 132,000 sq. m.
4) Total Area of Building	: 66,000 sq. m.
5) Structure	: 2-story building
6) Capacity	: 600 students

2. Objectives

1) Cultural exchange to help mutual understanding between Korea and Laos
   - Exhibition of Korean relics
   - Introduction of Korean pop culture
   - Teaching of Korean language to local people

2) Contribution to local community
   - Volunteer activities
   - Donation of resources

3. Procedures

1) Approval from Laos government
2) Investment
3) Construction

4. Operation Plan

1) Invitation of students
2) Employment of faculty
3) Supply of resources
4) Program development
5) Financing

Proposal for IT Training Center

To whom it may concern:

1. Purpose

   This proposal is to lease a land lot for an IT training center free of charge on a permanent basis, so that its students will have computer skills, as one of our plans for contribution to global communities.

2. Project Summary

   1) Project Name   : Korea IT Training Center
   2) Location   : Nairobi, Kenya
   3) Required Area   : 9,900 sq. m.

3. Construction

   1) Constructor   : ABC Construction Co., Ltd.
   2) Period for Construction : 8 months
   3) Estimated Cost   : US$120,000,–
   4) Facilities   : 10 classrooms & dormitory (capacity: 150 students)

4. Operation

   1) Teacher Training – 1 year course
   2) Students Training – 1 year course

2.7 보고서(Report)

보고서의 종류는 의외로 다양하다. 연구, 실험 및 출장 보고서 등이 대표적인 보고 문서이며, 회계나 업무에 관한 감사 보고서나 프로젝트나 행사 기간 중 제출하는 중간 보고서 또는 경과 보고서, 그 후에 제출하는 결과 보고서도 있다. 보고서의 수신인은 개인 또는 단체가 될 수 있다.

이 문서는 표준적인 형식에 얽매이기보다는 수신인이 알기를 원하는 내용을 정확하고 구체적으로 기술하면서도, 장황하지 않은 요약문으로 작성해야 한다.

연구보고서나 실험보고서(때로는 시험성적서) 등 대부분의 보고서는 조직 내부 또는 외부에, 특정 수신인 또는 불특정 다수에 제출할 수 있으나, 출장보고서는 대체로 조직 내의 상급자에게 제출하는 경우가 많다.

Report on Software Testing

To	ABC Corp.
Attention	Mr. Samuel Bowman/COO
From	Peter Lee
Date	May 11, 2016

Regarding the software testing as per your request, we report you the results thereof as follows:

1. Period of Testing
One Month: May 15 to June 14, 2016

2. Condition & Method of Testing
The functionality of software was examined under the condition that the tester has no knowledge of its internal implementation but knows what the software will do. "Black Box Testing" was applied, where the software is regarded as a "black box".

3. Result of Testing
1) The quality of software was complied with the standards of ISO 8402-1986, in design, functionality and reliability.
2) Minor defects/bugs were discovered and corrected.

Report on Business Trip

To	Mr. Michael Martin/CEO
CC	Mr. Sangho Kim/Overseas Business Manager
From	Gildong Hong/Overseas Business Team
Date	May 29, 20xx
Re	Business Trip
Destination	Vientiane, Laos
Period	May 20 to 27, 20xx

The following is the report of my business trip to Vientiane to check for a feasibility of establishing our factory in Laos:

1. Regulations on Foreign Investors
   - Requirements for Investment
   - Tax Benefits

2. Business Environment
   - Manpower/Labor cost
   - Logistics/Transportation
   - Waste Disposal
   - Language

3. Risk Factors
   - Political Factors
   - Socioeconomic Factors

4. Miscellaneous

2.8 재무제표(Financial Statements)

재무제표란 조직의 재무 상태를 분류하여 기록한 문서로서 대차대조표(balance sheets), 손익계산서(statement of income, profit & loss statement), 이익잉여금처분계산서(statement of appropriation of retained earnings) 등이 있다.

대차대조표는 주로 자산과 부채의 상태를, 손익계산서는 사업의 단기간의 운용 상태를, 이익잉여금처분계산서는 발생한 이익의 사용 내역을 보여주는 문서이다.

이 문서들을 검토할 때, 중요한 체크 포인트를 면밀히 연계적으로 살펴서 종합적으로 조직의 상황이나 잠재력을 평가해야 한다.

Balance Sheets
December 31, 2016 and 2015

Unit: won

Description	2016		2015	
	Amount		Amount	
<u>Assets</u>				
I. Current Assets				
(1) Quick Assets				
(2) Inventories				
II. Investments & Other Assets				
(1) Investments				
(2) Other Assets				
III. Fixed Assets				
(1) Property, Plant & Equipment				
(2) Intangible Fixed Assets				
IV. Deferred Charges				
Total Assets				
<u>Liabilities</u>				
I. Current Liabilities				
II. Long-term Liabilities				
Total Liabilities				
<u>Stockholders' Equity</u>				
I Capital Stock				
II. Capital Surplus				
III. Retained Earnings				
IV. Capital Adjustments				
Total Stockholders' Equity				
Total Liabilities & Stockholders' Equity				

Statement of Income
For the Years ended Dec. 31, 2016 and 2015

Unit: won

Description	2016		2015	
	Amount		Amount	
I. Sales				
II. Cost of Sales				
III. Gross Profit (Loss)				
IV. Selling & General Administrative Expenses				
V. Operating Income (Loss)				
Vi. Non-operating Income				
VII. Non-operating Expenses				
VIII. Ordinary Income (Loss)				
IX. Extraordinary Gains				
X. Extraordinary Losses				
XI. Income before Income Taxes				
XII. Income Taxes				
XIII. Net Income (Loss)				

Statement of Appropriation of Retained Earnings

For the Years ended Dec. 31, 2016 and 2015
Date of Appropriation for FY 2016:
Date of Appropriation for FY 2015:

Unit: won

Description	2016		2015	
	Amount		Amount	
I. Unappropriated Retained Earnings at End of Year				
II. Transfers from Voluntary Reserves				
III Appropriations				
IV. Balance of Unappropriated Retained Earnings at Time of Appropriations				

2.9 법률 문서(MOU(MOA)/LOI/Agreement)

국제 거래를 하면서 사용되는 법률 문서에는 협약서, 약정서, 합의서, 계약서(agreement), 합의각서(Memorandum of Agreement), 양해각서(Memorandum of Understanding: MOU), 의향서(Letter of Intent: LOI) 등이 있다.

Agreement는 체결 당사자들에게 법적 구속력을 갖지만, MOU나 LOI는 정식계약 이전의 단계에 작성되는 문서로서 구속력이 없으므로 계약서와는 다르다. 즉, 어떤 기업이 투자자를 유치할 때 어떤 조직과 MOU를 체결했다고 하면서 기업의 성장 가능성을 언급하는 경우에, 그 MOU가 계약으로 확실히 연결되는 경우에만 유효한 것임을 주지해야 한다. 특히 LOI는 양 당사자의 합의가 아니라 일방의 의향만을 기술할 수도 있다.

그 외에, 조직의 정관, 등기부등본, 사규, 특허 관련 서류, 소송자료 등 많은 법률문서가 있으며, 이러한 법률문서들의 영문본의 내용은 특정 표현이 사용되며, 특히 사용되는 용어가 일반 문서에서 사용되는 것들과는 차이가 있다.

Memorandum of Understanding
on Patent Rights

This Memorandum of Understanding (hereinafter "MOU") was made on the 15th day of June, 20xx between ABC Co., Ltd. (hereinafter "A"), and DEF Inc. (hereinafter "D") as follows:

1. Purpose

This MOU is to exchange own technologies between A and D in manufacturing their products.

2. Organization of Technical Exchange Committee

A and D shall organize the Technical Exchange Committee which consists of 5 members each from each party within thirty(30) days after signing this MOU, which will decide further detailed terms and conditions to make a formal agreement.

3. Equivalence

Both parties shall consider that the technology owned by either party hold equivalent value to that owned by the other party.

4. Termination

This MOU may be terminated by the request of either party unless both parties reach entire agreement within ninety(90) business days after signing this MOU.

Ex LOI (Letter of Intent)

Letter of Intent

[Date]

We, ABC Co., Ltd. hereby submit this Letter of Intent (hereinafter referred to as "LOI") with desire to invest in your project (#SH-2211), and confirm that we will make our utmost effort to observe all the concerned laws and rules including the secrecy agreement.

1. Purpose

The purpose of this LOI is to invest in the project (#SH-2211) organized and conducted by XXX Group.

2. Investment Plan

1) Amount of Investment   : US$5,250,000.-
2) Method of Investment   : Convertible bonds
3) Equity   : 49%
3) Participation in Management : N/A

[Company Name]
[Address]

Signed by _____
                    [Name/Title]

Technical License Agreement

This Agreement was made on the 3rd day of July, 20xx by and between XXX Co., Ltd., organized and existing under the laws of Korea and having its principal office at xxx, Teheran-ro 4gil, Gangnam-gu, Seoul, Korea (hereinafter referred to as "Licensor") and PT OOO having its principal office at xxx, Jalan Thamrin, Central Jakarta, Indonesia (hereinafter referred to as "Licensee"), as follows:

Article 1. Purpose
The purpose of this Agreement is that the Licensor grants the Licensee to use its technology (patent No._____).

Article 2. Term of Agreement
The Agreement shall be effective for two(2) years commencing on the third day of October, 2016 and ending on the second day of July, 2018.

Article 3. Definitions
The terms used herein have the meanings as follows:

Article 4. Obligations
Both parties shall have the obligations as follows:
(i) Licensor shall provide the Licensee with all the materials related to the Technology defined in Article 3 hereof, in a timely manner; and
(ii) Licensee shall not disclose any confidential information of the Licensor to a third party, which it obtains while performing this Agreement.

Article 5. Royalty
The Royalty defined in Article 3 hereof shall be Seven Hundred Twenty Six U. S. dollars (US$726,000.-) in total, which the Lessee shall pay the amount to the Lessor by telegraphic transfer upon signing this Agreement.

Article 6. Termination
⋮

Licensor: Licensee:
XXX Co., Ltd.   PT OOO
[Address]   [Address]
Signed by _____   Signed by _____
           [Name/Title]   [Name/Title]

2.10 지원서(Application Forms)

취업을 위해 제출하는 지원서는 각 조직에서 정해놓은 양식이 있을 경우와 자유로운 형태로 작성해야 할 경우가 있다. 정해진 양식에는 내용만 기입하면 되고, 자유 형식인 경우에는 구성을 디자인하기도 한다.

주의할 점은 영문 이력서의 경우, 국문 이력서와 달리 최근에 발생한 상황을 윗부분에 먼저 기입한다. 자유 형식의 자기소개서는 서신의 형태로 작성하는 경우가 많다.

Curriculum Vitae

사진

Gildong Hong
Suite # 307, XXX Apt., Gunja-ro, Gwangjin-gu, Seoul, Korea
Phone: Email:

Date of Birth ： October, 12, 1991
Family   ： Parents & one younger brother

Education
Mar. 2010– Feb. 2016	XXX University (Major: Computer Science)	Seoul, Korea
Mar. 2007– Feb. 2010	OOO High School	Busan, Korea

Work Experience & Activities
Dec. 2015– Feb. 2016	Internship at △△△ Co., Ltd. (Duties– programming)	Seoul, Korea

Military Service
Feb. 2011– Oct. 2012	Served at the Army of Republic of Korea	Sokcho, Korea

Languages & Licenses
Language	– Good command of English
Computer Skills	– Excellent operation of software
Licenses	– Computer Programming Qualification/Driver's License

I hereby confirm that all the above statement is true.

Sincerely yours,

[Self-Introduction]

Special Experience & Activities

My Strengths & Capacity

Ambition & Vision

Cover Letter for Application

Dear sirs,

As an applicant to be a sales engineer, I have made constant efforts since a few years ago. Including the internship at a new-born company, I have several experiences of having done sales activities.

Having sometimes faced barriers while trying to sell some products or service, I enjoyed challenging to reach the goal every time.

I firmly believe sale is the core of business in every company. With strong desire for achievement, I will create differentiated strategies for each item and each market to make the best performance.

If I'm employed at this position, I will be a top salesman in your company, as a person enjoying my career life.

Sincerely yours,

Kim, Minsu

Correspondences (Letter/E-mail)

통신문 (서한/이메일)

3.1 서한/이메일 에티켓
3.2 서한/이메일 작성 연습

3.1 서한/이메일 에티켓

서한의 특성은 사실만 경직된 문체로 기록되어 있는 문서들과 달리 때로는 작성자의 마음이나 친근한 정도, 인격적인 면 등이 보이기도 하기 때문에 가장 쉬울 듯 보이지만 가장 어렵기도 한 문서이다.

서로 대면하지 않고 글을 통해서 의사를 전달하면서 오해를 낳을 수 있기 때문에 상대를 배려하는 에티켓을 잊지 않아야 한다. 특히 공적인 관계에서 서한이나 이메일을 보낼 때는 수신 상대에 따라 문투(tone)를 조절해야 하는데 영어 단어나 표현의 뉘앙스 등에 주의하면서 결례를 하거나 격에 맞지 않는 표현을 삼가야 한다. 또한 외교적 분위기가 강할수록 직설적인 표현보다는 우회적 표현을 사용하기도 한다.

칭호에 있어서는, 첫머리 인사말에서 아주 친밀한 관계인 경우 『Hi, Michael』과 같이 성(sur name)이 아닌 이름(given name)만 쓸 수도 있지만, 대부분 공적인 관계에서는 『Dear Mr./Mrs./Messrs. OOOO』 등의 칭호를 붙이는 것이 관행이다.

영어 문서의 어법(modal)은 조동사(helping verbs)의 사용으로 조절되는 경우가 많으므로, 용도에 따라 적절한 조동사를 사용하도록 잘 익혀두어야 한다. 예를 들어 '~해야 한다'라는 표현을 위해 생각 없이 'must'를 넣은 문장을 사용했다가 상대방이 강압적으로 받아들여 전체 일을 그르칠 수도 있다. 또한 please라는 단어 없이 명령문을 잘못 쓰거나, 몰아붙이는 분위기의 의문문을 쓰지 않도록 주의해야 한다. 제 1장에서 지적했듯이, 1인칭 대명사를 복수(we, our, us, ours)로 사용하는 것이 단수(I, my, me, mine)로 사용하는 것보다 적절한 경우가 많은 것도 기억해두어야 할 사항이다.

To (Attention)	alanrubel@abc.com
CC	
Subject	프로그램 공동개발 프로젝트 건

안녕하십니까, Alan Rubel?

본 프로젝트에 관해 보내주신 귀사의 계획서 잘 받았습니다.
검토 후 5월 2일까지 당사의 의견을 보내드리겠습니다.

구체적인 협의는 다음 달 우리의 귀사 방문 시에 하면 될 것이고, 본 프로젝트를 위한
예산과 인원 확보가 가장 중요할 것입니다.
당사 경영진에는 귀사 계획서를 이미 보고했고, 우리 팀은 결정을 기다리고 있는 중
입니다.
긍정적인 결과가 나올 것으로 기대하고 있습니다.

승인 받는 대로 다시 연락드리겠습니다.

안녕히 계십시오.

이 민호

OOO Co., Ltd.
Project Development Team
82-2-xxx-xxxx, 82-10-xxx-xxxx

Practice #05 – English

To (Attention)	alanrubel@abc.com
CC	
Subject	Program Co-development Project

Practice #06

To (Attention)	alanrubel@abc.com
CC	
Subject	프로그램 공동개발 건

안녕하십니까?

이 건과 관련하여, 당사의 결정을 알려드립니다.

귀사의 다른 제안에는 아무런 이의가 없으나, 인건비 부분이 당사에는 큰 부담입니다. 당사의 프로그래머 3명과 현지화를 위한 언어담당자 1명, 그리고 귀사에서 파견되는 프로그래머 1명이면 프로젝트 수행에 큰 지장이 없을 것 같습니다.

미화 30만 달러 정도의 연간 인건비를 절감할 수 있는 방안이오니, 귀사의 경영진과 협의한 후, 수용 가능한지 통보해주시면 감사하겠습니다.

회신을 기다리겠습니다.

이 민호

OOO Co., Ltd.
Project Development Team
82-2-xxx-xxxx, 82-10-xxx-xxxx

To (Attention)	alanrubel@abc.com
CC	
Subject	

To (Attention)	ajamluk@abc.com
CC	
Subject	중고 컴퓨터 주문 건

안녕하십니까, Mr. Ajam Luk?

주문서 (No. HH-189) 잘 받았습니다.

한국에서는 대다수가 데스크탑 컴퓨터와 노트북을 1-2년 사용한 후 새것으로 교체합니다. 그래서 중고 컴퓨터를 구하는 것이 어렵지 않습니다.

딜러들을 통해서 제품들을 구하고, 상태가 좋은 것들만 선별해서 보내겠습니다. 단, 액정 모니터 화면은 깨지기 쉽기 때문에 FCL선적을 해야 하니, 포장비와 운송비가 다소 비쌀 것을 고려하시기 바랍니다.

선적 후 연락드리겠습니다.
안녕히 계십시오.

박 용수

OOO Co., Ltd.
Overseas Business Team
82-2-xxx-xxxx, 82-10-xxx-xxxx

To (Attention)	ajamluk@abc.com
CC	
Subject	

Practice #08

To (Attention)	ajamluk@abc.com
CC	
Subject	중고 컴퓨터 선적 건 (주문 번호 HH-189)

안녕하십니까, Mr. Ajam Luk?

중고 컴퓨터 100대를 선적할 준비가 완료되어,
오늘 내륙운송을 통해 컨테이너 야적장에 보냈습니다.
내일 운송중개회사에서 B/L을 발급하면, 다음 선적서류 2세트를
EMS로 보내드리겠습니다.

  상업송장, 포장명세서, 선하증권(B/L), 원산지증명(C/O)
  - 각 2부

이 컴퓨터들은 사용자들이 2년 이상 사용했기 때문에, 한국에서는 감가상각 기간이
끝나서 상업적인 가치가 없습니다. 통관 시에 관세 문제가 생기면 연락 주십시오. 확인
서를 보내드리겠습니다.

안녕히 계십시오.

박 용수

OOO Co., Ltd.
Overseas Business Team
82-2-xxx-xxxx, 82-10-xxx-xxxx

Practice #08 – English

To (Attention)	ajamluk@abc.com
CC	
Subject	

To (Attention)	parispow@abc.com
CC	
Subject	합작투자회사 설립 건

안녕하십니까, Ms. Pow?

이 나라에서 합작투자회사를 설립하기 위해서는 절차도 복잡하고 정부의 여러 부처에 제출해야 할 서류도 많습니다.

다음 주 초까지 필요한 서류의 목록을 보내드리면, 신속히 준비해서 보내주시기 바랍니다.

그 중 가장 중요한 것이 투자자의 재무제표입니다.
심사위원들은 최근 3년간의 영업이익과 세후 순이익에 초점을 맞추어 회사의 건전성을 평가할 것입니다.

참고로 서류 제출 후 정부 승인을 취득하기까지는 6개월 정도 걸립니다.

문의사항 있으면 연락 주시기 바랍니다.

이 주영

OOO Co., Ltd.
Legal Team
82-2-xxx-xxxx, 82-10-xxx-xxxx

Practice #09 - English

To (Attention)	parispow@abc.com
CC	
Subject	

To (Attention)	parispow@abc.com
CC	
Subject	구비 서류 목록

안녕하십니까, Ms. Pow?

5월 7일자 이메일에서 언급했던 구비서류 목록을 첨부합니다.
일부분은 한국 정부에서 발행하는 서식들이고, 나머지는 귀사에서 준비할 서류들입니다.

서류 일체를 보내주시면 한글로 번역해서 공증을 받은 다음 주무 당국에 제출할 예정입니다. 심사 결과는 대략 1개월 후에 나오지만, 심사 도중 제출된 서류에 추가 또는 보완을 요청할 수도 있습니다.

서류를 작성하는 데 있어 문의사항이 있거나 문제가 있으면 연락 주시기 바랍니다.

회신 기다리겠습니다.
안녕히 계십시오.

이 주영

OOO Co., Ltd.
Legal Team
82-2-xxx-xxxx, 82-10-xxx-xxxx

Practice #10 – English

To (Attention)	parispow@abc.com
CC	
Subject	

To (Attention)	peterlim@abc.com
CC	
Subject	게임 애니메이터 추천 건

안녕하십니까, Mr. Lim?

언급하신 게임 애니메이터 지원자의 서류 보내드립니다.
또한 지원자가 이제까지 수행한 작품들의 포트폴리오를 첨부하오니, 참고하기 바랍니다.

본교에서 개발해온 여러 프로젝트에서 성실성과 함께 뛰어난 능력을 보였고, 국내의 기업들로부터 채용 제의도 받았지만, 애니메이션 산업이 보다 발전한 미국에서 일하기를 원합니다. 영어 능력에 있어서도, 소통하고 문서를 작성하는 데 전혀 문제가 없습니다.

주거 제공 등의 급부혜택을 포함한 근무조건을 상세히 알려주시면 감사하겠습니다.

좋은 결과 기다리겠습니다.

이 진용 교수

XXX University/Animation Dept.
82-2-xxx-xxxx, 82-10-xxx-xxxx
Seoul, Korea

To (Attention)	peterlim@abc.com
CC	
Subject	

To (Attention)	chekwanfu@abc.com
CC	
Subject	'대장금' 연극 공연 건

안녕하십니까, Mr. Fu?

7월 3일부터 3개월간 공연하게 될 연극 'Dae-Jang-Geum'을 위해 당사에서 파견할 인원은 기획팀, 공연팀, 촬영팀, 무대설치팀, 장비팀 소속의 230여명입니다.

공연팀의 주연과 조연은 모두 확정되었고, 우리가 준비해야 하는 장비와 소품 등도 모두 준비되어, 2주일 후에 선적할 예정입니다.
통관을 위해 최선을 다해주기 바랍니다.

모든 참가자들의 항공 예약도 완료했고, 3팀으로 나뉘어서 다음과 같이 싱가포르에 도착할 예정입니다.

  1진: 대한항공 627편 6월 7일
                         서울발 09:10 싱가포르착 13:00
  2진: 아시아나항공 OZ 5350 6월 17일
  3진: 싱가포르항공 SQ 322 6월 23일

세종 엔터테인먼트
김 원미/기획팀
82-2-xxx-xxxx, 82-10-xxx-xxxx

To (Attention)	chekwanfu@abc.com
CC	
Subject	

Official
Notice/Circular

공문/회람

4.1 수신자 및 내용별 차이
4.2 공문/회람 작성 연습

4.1 수신자 및 내용별 차이

조직에서 외부 또는 조직 내 전체 구성원들을 상대로 일괄적으로 전달하는 통지 내용은 수신자가 특정인이 아니므로 개인에 해당되는 표현보다는 전체를 지칭하는 표현을 사용하되, 첫머리의 호칭이나 본문의 대명사 등에 주의를 기울여야 한다.

예를 들어, 본문 시작 전의 호칭으로서, 수신처에 따라 Dear sirs, Dear all employees, To whom it may concern, 등의 호칭을 정황에 맞게 사용해야 한다.

이 문서의 범주에는 안내장, 공고문, 초대장, 사내 회람 등 여러 종류의 문서들이 포함된다. 그 중 초대장은 대부분 특정 행사에 초청하는 내용이므로 부드러운 표현이 사용되며, '참석 여부 확인 요망'을 대부분 R.S.V.P.(Repondez s'il vous plait = Reply, if you please.)라는 프랑스어를 사용하기도 한다.

Practice #13

[Letter Head]

흡수합병 안내

관계제위:

귀사의 무궁한 발전을 기원합니다.

이번에 저희 회사가 빅 데이터 처리 전문 기업인 데이터 콜렉션 주식회사를 인수했습니다. 당사의 ICT(information and communication technology)에 관련된 사업을 확대하고자 이 결정을 내리게 되었습니다.

웨어러블 컴퓨터, 모바일 기술과 함께 빅 데이터 처리가 첨단 기술들을 선도하고 있는 상황에서, 이 기업의 흡수는 당사에 상당히 의미가 있다고 생각합니다.

앞으로도 예전과 같은 성원을 부탁드립니다.

주식회사 OOO
송 민준
최고경영자/대표이사

[Letter Head]

[Letter Head]

사내 회람

임직원 여러분, 안녕하십니까?

5년간 OOO 코리아의 최고기술책임자로 일해 온 찰스 루이스(Charles Lewis) 부사장이 OOO 이태리로 부임하게 되었음을 알립니다. 루이스 부사장은 당사 공장에서 발생하는 여러 가지 결함 문제를 해결하는 데 많은 도움을 주었으며, 당사 연구소의 연구원들의 신규 모델 개발에도 많은 조언을 해주었습니다.

우리는 그가 성취한 많은 공적과 기록들과 함께 오랫동안 그를 기억할 것이며, 앞으로도 그가 우리에게 '큰 나무'가 되어주길 기원합니다.

그의 후임자로 우리 그룹의 또 하나의 '떠오르는 스타 임원'인 테리 김(Terry Kim)이 그의 자리를 이어받을 것이며, 우리의 기술을 이끌어줄 임원으로서 따뜻하게 맞이해 주시길 부탁드립니다.

[날짜]
인사 담당 이사
이 영진 배상.

[Letter Head]

5.1 매뉴얼의 종류

매뉴얼은 하드웨어 또는 소프트웨어의 사용자들이나 관련자들에게 길잡이 역할을 해주는 문서로서, 조직의 운영 매뉴얼, 시설/장비/프로그램의 사용 매뉴얼, 교육 매뉴얼 등 다양한 종류가 있다.

5.1.1 시설/장비 운용 매뉴얼

자동차, 기계, 전기/전자 장비, 심지어 작은 도구의 사용 설명서까지 다양하며, 대부분의 사람들이 머리에 떠올리는 매뉴얼(설명서)이다. 그러나 전시장, 박물관과 같은 특정 목적의 시설의 운영 매뉴얼이나, 각종 조직의 운영 매뉴얼도 존재한다.

5.1.2 프로그램 사용 매뉴얼

소프트웨어가 더 많은 비중을 차지하고 있는 디지털 시대에는 소프트웨어의 사용을 위한 매뉴얼이 사용되기 마련이다. 실제 사용자들이 이 매뉴얼을 많이 사용하지 않더라도, 프로그램 개발자는 이 매뉴얼을 작성해두어야 한다.

5.1.3 인사 교육 매뉴얼

다국적기업, 한국의 대기업 등 일정 규모 이상의 조직에서는 대부분 인사교육 매뉴얼을 갖추고 있고, 특히 국내외 외국기업에는 이 매뉴얼에 따라 인사 조직을 관리하고, 특히 교육 매뉴얼을 체계적으로 갖추고 있다.

5.1.4 가이드라인(지침서)

가이드라인(지침서)는 일종의 규준이다. 국제기구, 정부조직, 비정부기구, 기업 등의 각종 조직에서 특정 활동에 대한 지침을 제공하는 문서로서, 각 문서에 따라 법률문서의 문체로 작성되는 경우도 있고, 매뉴얼 문체로 작성되는 경우도 있다.

Practice #15

운용 매뉴얼

3상 → 단상 전원 변환

> ⚠ 경고!
> 단상 전원 구성은 점검모드에서 임시운전 조건을 위한 것임.

1. 주 전원 차단기의 레버를 당겨 올려 장비로의 전원 공급을 차단한다.
2. 드라이브를 열고, 드라이브 후면에 장착된 카드에서 실드(shield)를 제거한다.
3. 핀 1에서 헤더 점퍼(header jumper)를 제거하고 나서, 그림 1에서 보는 바와 같이 점퍼를 핀 2에 걸쳐 설치한다.
4. 단상 전원 차단기를 제어기 접지봉(controller ground bar) 까지 접지선으로 연결한다.
5. 컨트롤러가 단상 임시전원에서 운전 중임을 표시하는 꼬리표(tag)를 퓨즈블록에 부착한다.

알림:
* 브레이크 전압은 그림 2에 나타나 있는 대로 감시, 조정해야 함.
* 컨트롤러 전원은 퓨즈를 통해서 공급됨.

Operation Manual

전시관 운영 매뉴얼

1. 대관 신청
   1) 대관을 위해서, 신청인은 최소 3개월 이전에 구비서류를 '전시관'에 제출해야 한다.
   2) '전시관'은 신청인의 대관 목적을 심사한 후, 신청 후 15 영업일 이내에 결과를 통보해야 한다.
   3) 결과가 통보된 후 7 영업일 이내에 신청인은 대관 계약을 체결해야 한다.

2. 대관 계약
   '전시관'과 임차인은 대관계약에 기술되어 있는 모든 조항을 성실히 준수, 이행해야 한다.

3. 대관료
   '전시관'의 표준 대관료는 다음과 같고, 상호 협의를 통해 예외적인 요율을 적용할 수 있다.
   1) 전시장
   2) 전시구획
   3) 회의실
   4) 식음료 매장

4. 개장 시간
   '전시장'은 공휴일을 포함하여 매일 오전 9시에 개장하여 오후 8시에 폐장한다.

Operation Manual
for Exhibition Center

프로그램 사용 매뉴얼

프로그램 다운로드

1. 홈페이지에서 로그인합니다.
2. [소프트웨어 다운로드]를 클릭합니다.
3. 다운로드된 파일을 저장할 것인지 묻는 창이 나타나면 [저장]을 클릭합니다.
4. 저장하고자 하는 드라이브를 선택합니다.
5. [설치] 파일을 더블 클릭하여 실행시킵니다.
6. [다음]을 클릭합니다.
7. 프로그램을 설치할 폴더를 선택합니다.
8. [디스크 공간]을 클릭하여 하드디스크의 가용 용량을 확인합니다.
9. [설치]를 클릭하여 설치를 시작합니다.
10. 설치가 완료되면 [마침]을 클릭합니다.

프로그램 실행

1. 바탕화면에 설치된 아이콘을 더블 클릭하여 실행합니다.
2. ID와 비밀번호를 입력합니다.
3. [비밀번호 저장]을 클릭하면 비밀번호가 자동 저장됩니다.

Program Operation Manual

OOO 주식회사
신입사원 교육 매뉴얼

제 1장 예절 교육
다음은 당사의 사원 각자가 지켜야 할 예절 규범이다.

1. 회의 예절
1) 회의를 참석자들에게 사전 통지한다.
2) 자료를 충분히 준비한다.
3) 회의 시간을 엄수한다.
4) 타인의 의견을 경청하고 존중한다.
5) 회의에 방해되는 행동을 하지 않는다.

2. 고객접대 예절
1) 약속 시간을 엄수한다.
2) 고객으로부터 3만원 이상의 금액에 상당하는 선물이나 접대를 받지 않는다.
3) 고객을 만날 때, 단정한 모습을 유지한다.
4) 식사 시 식탁을 청결하게 유지한다.

3. 전화 예절
1) 전화를 받을 때 소속과 이름을 밝힌다.
2) 전화 벨이 3번 울리기 전에 전화를 받는다.
3) 통화 후 상대방보다 먼저 전화를 끊지 않는다.

OOO Co., Ltd.
New Employees Training Manual

정보 시스템 성능관리 지침

정보 시스템의 성능을 관리하는 데 있어서 각 관련 당사자는 다음 각 호의 사항을 준수해야 한다.

1. 정보시스템을 구성하는 자원의 운영에 대한 데이터를 수집하고, 어플리케이션, 데이터베이스 등과 같은 구성요소의 운영 조건을 종합적으로 분석해야 한다.

2. 그러한 운영 조건을 개선할 필요가 있는 경우, 목표 처리량을 충족시킬 수 있도록 상세 계획을 작성해야 한다.

3. 가장 중요한 성능 목표를 설정할 때, 시스템과 조직의 요구조건을 면밀히 검토해야 한다.

4. 장기간동안 과부하가 예상되는 경우, 하드웨어 및 소프트웨어 증설 계획을 수립해야 한다.

Guidelines for
Management of Information
System Performance

독성 물질 포장 지침

포장 작업

1〉 포장은 물질의 수송, 보관 및 사용에 적합해야 한다.

2〉 포장에는 '위험'이라는 표시가 쉽게 눈에 띄도록 해야 한다.

3〉 포장이 완전히 밀폐되어서, 어떤 경우에도 물질이 누출되지 않도록 해야 한다.

4〉 사용되는 포장용기는 떨어졌을 때 부서지거나 찢어지는 재질로 제조되어서는 안 된다.

포장 디자인

1〉 포장의 외관이 음식이나 음료의 형태와 유사해서는 안 된다.

2〉 어린이들이 오판할 수 있도록 밝은 색상의 만화나 그림 등을 포함해서는 안 된다.

3〉 10세 미만의 어린이들이 쉽게 개봉할 수 있는 포장재를 사용해서는 안 된다.

4〉 포장 용기에서 다른 용기에 부을 때 너무 많은 양의 물질이 쏟아지지 않도록 출구를 안전하게 설계해야 한다.

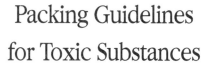

Packing Guidelines
for Toxic Substances

Glossary:
Business English

[ㄱ]

가맹점	franchisee
가용 용량	available capacity
가치 상승	appreciation
감가상각	depreciation
감사	audit, auditor
감사 보고서	auditor's report
경상이익	ordinary income
거래조건	terms and conditions of business transaction
계약기간	term of agreement
계약서	agreement, contract
계약조건	terms and conditions of agreement
고문변호사	corporate lawyer, legal advisor
공증	notarization
공증하다	notarize
관계제위 (관계자 귀하)	To whom it may concern:
관세	customs duty
관할지역	jurisdiction
기명식 주식	named stock
기술도입계약서	technical license agreement

[ㄷ]

대리점계약서	distributorship
도급업체	contractor
독점 대리점	exclusive distributor
독촉장	reminder
등기이사	registered director

[ㅁ]

목표 시장	target market

[ㅂ]

바탕화면	wallpaper
발기인	promoter
법인설립	incorporation
변호사 수임료	legal fee
분할 선적	partial shipment

[ㅅ]

선적	shipment
선적서류	shipping document
선하증권	bill of lading: B/L
세후 순이익	net profit after tax
선입선출 방식	first-in first-out(FIFO) system

손익계산서	statement of income, profit & loss statement
손익분기점	break even point: BEP
송장	invoice (상업송장: commercial invoice)
순이익	net profit
시장점유율	market share
시험성적서	test report
실용신안	utility model

[ㅇ]

양도가능 신용장	transferable letter of credit(L/C)
영업이익	operating income
완성품 인도 방식	turn key basis
외국인투자기업	foreign-invested company
운송료	freight
운송중개회사	shipping forwarder
원가분석	cost analysis
원산지증명	certificate of origin
위임장	power of attorney
의향서	letter of intent: LOI
이사회	board of directors
이익잉여금처분계산서	Statement of Appropriation of Retained Earnings
인사 담당 이사	human resources director(H. R. Director)
임대인	lessor
임대차계약서	lease agreement
임차인	lessee

[ㅈ]

자가상표	private label(brand)
자유무역협정	free trade agreement(FTA)
재무제표	financial statements
저작권	copyright
저작권 침해	infringement of copyright
전신환송금	telegraphic transfer(T/T)
정관	articles of incorporation (기업)
	articles of association (협회)
제3자	a third party
주무 당국	competent authority
주문자상표 부착 방식	OEM(original equipment manufacturing)
주문제작 제품	custom-made product
주식배당금	stock dividend
지적재산권	intellectual property right
직무교육	OJT(on-the-job training)

[ㅊ]

창고보관료	warehousing charge
창업	start-up
충격시험	impact test
취소불능 신용장	irrevocable letter of credit(L/C)

[ㅌ]

| 특허 침해 | patent infringement |

[ㅍ]

| 포장명세서 | packing list |

[ㅎ]

합작투자	joint venture
협력업체	vendor
환적	transshipment
환차손	foreign exchange loss
환차익	foreign exchange gain
흡수합병	merger & acquisition: M&A

ADP	데이터 분석 전문가
CEO	Chief Executive Officer (최고경영자)
CFO	Chief Finance Officer (최고 재무 책임자)
C/O	certificate of origin (원산지증명)
COO	Chief Operation Officer (최고 운영 책임자)
CTO	Chief Technical Officer (최고 기술 책임자)
FCL	Full Container Load (만적 화물)

APPENDIX **II**

Answer Key

본 해설집에는 Practice 중 홀수에 해당하는 연습내용의 표준 답안과 부분적 설명이 포함되어 있습니다. 이 답안을 참조하여 짝수 연습내용을 시도하면 도움이 될 것입니다.

산업계 문서의 특성 상 되도록 간결한 표현으로 되어 있으며 장황한 표현을 배제하였습니다. 단, 영어 문장의 보기일 뿐 다른 표현들도 얼마든지 가능하므로 참고용으로 사용하기 바랍니다.

[My Major]

I am a junior at university(college).
* I major in digital contents and computer programming.
Many people say my majors are promising.
** I'm interested in big data processing and analysis.
This part takes a big portion of ICT.

* I'm majoring in ~, 또는 I'm studying ~ 도 가능하지만 진행 중인 의미보다는 전공이 ~라는 의미이므로 현재진행 시제보다는 현재기본 시제가 더 적합.
** I have interest in ~ 도 가능.

[Start-up Support Center]

Today I submitted an application to the start-up support center of our school.
* In this center, there are many students dreaming of starting up a business.
This provides its members with a variety of start-up training.
** The members learn about ICT-based business, trading, franchise business, etc.
They can also listen to some experiences of business experts.

* ~ students who dream of ~ 도 가능.
** ~ learn ICT-based business ~도 가능.

[Club Activities]

* We are living in the era of another industrial revolution.
  A number of existing jobs will disappear.
  I have much interest in agriculture.
** On weekends, I participate in many activities of an urban farming club.
*** These days, people produce crops by applying information technology and other updated technologies.

* We live ~ (평소의 상황이므로 현재기본 시제)도 가능.
** 주말마다 하는 것이므로 현재 시제. participate in many ~ = take part in several ~
*** These days. IT and other new technologies are applied to produce crops.도 가능

[Internship]

* I intend to work as an intern during the coming vacation.
  Today I applied to the internship program of an online game company.
  That company is a corporation which was established two years ago.
  If I pass the exam, I will work at its localization team.
** Being a short-term program of two months, it will be a good experience for me.

* I'd like to ~도 가능. I'm going to ~ 는 합격한 후에 할 수 있는 표현.
** Although it is a short-term ~도 가능.

To (Attention)	alanrubel@abc.com
CC	
Subject	Program Co-development Project

Dear Mr. Alan Rubel,

Thank you for your plan on this project.
After reviewing it, we will send you our comments by the second of May.

We can have detailed discussions on our visit to you next month, but it will be most important to secure the budget and manpower for this project.

We have reported your plan to our management, and our team is waiting for their decision.
We expect to get a positive result.

We will advise you as soon as we get their approval.

Best regards,

Lee, Minho

OOO Co., Ltd.
Project Development Team
82-2-xxx-xxxx, 82-10-xxx-xxxx

To (Attention)	Ajamluk@abc.com
CC	
Subject	Your Order of Used Computers

Dear Mr. Ajam Luk,

Thanks for your order sheet (No. HH-189).

In Korea, many people replace their desktop or laptop computers with new ones after using them one to two years. Therefore, it's not hard to get used computers.

After getting products through dealers, we will send you the ones in good conditions only. However, we will have to make FCL shipment because their LCD monitor screens are fragile, so please consider the packing and freight costs will be a little higher.

We will advise you after making shipment.

Thanks and best regards,

Yongsu Park

OOO Co., Ltd.
Overseas Business Team
82-2-xxx-xxxx, 82-10-xxx-xxxx

To (Attention)	parispow@abc.com
CC	
Subject	Establishment of Joint Venture Company

Dear Ms. Pow,

To establish a joint venture company in Korea, it's required to go through complicated procedures and submit many documents to submit to government offices.

We will send you a list of the required documents no later than early next week. We ask for you to send them to us as soon as possible.

Out of them, the financial statements of investor will be most important. The examiners will focus on its operating income and net profit after tax for latest 3 years in assessing its soundness.

For your information, it will take about 6 months to obtain the government's approval after we submit the documents.
Please contact us if you any queries.

Juyoung Lee (Ms.)

OOO Co., Ltd.
Legal Team
82-2-xxx-xxxx, 82-10-xxx-xxxx

To (Attention)	peterlim@abc.com
CC	
Subject	Recommendation of Game Animator

Dear Mr. Lim,

I'm sending you the documents of a game animator applicant, which you mentioned. Also, the attached are the portfolio works she has made until now, for your reference.

She has showed outstanding abilities with sincerity in several projects our school has developed, and received job offers from a few Korean companies, but she wants to work in the U. S. where the animation industry is further developed. As for English skills, she has no problem in communications and documentation.

I would appreciate if you let me know, in detail, the work conditions including welfare benefits such as housing.
Looking forward to hearing good news from you.

Jinyong Lee/Professor

XXX University/Animation Dept.
82-2-xxx-xxxx, 82-10-xxx-xxxx
Seoul, Korea

[Letter Head]

M&A Information

[Date]

To whom it may concern:

This is to inform you that we have taken over Data Collection Co., Ltd. specialized in big data processing. In order to expand our ICT(information and communication technology)-based business, we have made such decision.

In the situation that big data processing is leading state-of-the-art technologies, together with wearable computer and mobile technologies, acquisition of this company will be significant for us.
We expect your constant support as before.

With best wishes for your everlasting prosperity. *

OOO Co., Ltd.
Minjoon Song
President/CEO

* 귀사의 무궁한 발전을 기원합니다.: 영문서한에서는 끝 인사말.

Operation Manual

3-phase → single-phase Power Conversion

> ⚠ Warning!
> Single-phase power configuration is for temporary operational condition in INSPECTION mode.

1. Disconnect power supply to the unit by pulling up the lever of main circuit breaker.
2. Open the drive, and remove the shield from the card attached at the back of drive.
3. Remove the header jumper from Pin #1, and then install the jumper across Pin #2 as seen in Figure 1.
4. Connect the single-phase circuit breaker to the controller ground bar, with a ground cable.
5. Attach a tag to the fuse block, which indicates the controller is in operation with single-phase temporary power supply.

Notes:
* Brake voltage should be monitored and adjusted as seen in Figure 2.
* Controller power is supplied through the fuse.

Program Operation Manual

Program Download

1. Log in on our homepage.
2. Click [Software Download].
3. When the window asking if you want to save the downloaded file appears, click [Save].
4. Choose a drive to the file.
5. Double-click the [Installation] file to execute it.
6. Click [Next].
7. Select a folder to install the program.
8. Click [Disk Space] to check the available space of hard disk.
9. Click [Installation] to start installing the program.
10. When the installation is completed, click [Finish].

Program Execution

1. Double-click the icon installed on the wallpaper to execute the program.
2. Enter your ID and password.
3. Your password is automatically saved if you click [Password Save].

Guidelines for Management of Information System Performance

In managing the performance of information system, each concerned party shall:

1. Collect data for operation of resources contained in the information system, and then analyze the operating conditions of its components such as applications, database, etc.

2. When it is necessary to improve such operational conditions, make a detailed plan to satisfy the target processing load.

3. When setting the performance goal which is most important, closely check the requirements of your system and organization.

4. If overload for a long time is expected, make a plan to expand hardware and software capacities.

조길자
- 現) 주식회사 앰버랭 대표
- 세종대학교 겸임교수
- EBS 취업 스피킹 강사
- 국제통역번역협회(ITT) 교육 자문위원
- 경력: 법무법인 광장/밀레니엄 서울 힐튼/피코 코리아–통번역/무역 업무

곽은주
- 現) 세종대학교 인문과학대학 국제학부 영어영문학과 교수
- 국제교육원 원장

탁진영
- 現) 세종대학교 인문과학대학 국제학부 영어영문학과 교수
- 인문과학대학 학장

이경랑
- 現) 세종대학교 인문과학대학 국제학부 영어영문학과 교수
- 영어영문학과 과장

English Technical Writing 산업 실무를 위한 대학 테크니컬 라이팅

1판 1쇄 인쇄   2016년 08월 25일
1판 1쇄 발행   2016년 08월 31일
저   자 조길자·곽은주·탁진영·이경랑
발 행 인 이범만
발 행 처 **21세기사** (제406-00015호)
경기도 파주시 산남로 72-16 (10882)
Tel. 031-942-7861   Fax. 031-942-7864
E-mail : 21cbook@naver.com
Home-page : www.21cbook.co.kr
ISBN 978-89-8468-646-5

정가 15,000원!